www.ingramcontent.com/pod-product-compliance
Lightning Source LLC
Chambersburg PA
CBHW070139080526
44586CB00015B/1760
* 9 7 8 1 9 8 7 8 6 9 8 4 2 *